LE
CHATEAU DE PERRICARD

EN AGENAIS

PAR

G. THOLIN et PH. LAUZUN

AGEN

IMPRIMERIE ET LITHOGRAPHIE AGENAISES

—

1898

à la Bibliothèque nationale
offert par les auteurs.

LE
CHATEAU DE PERRICARD

LE
CHATEAU DE PERRICARD

EN AGENAIS

PAR

G. THOLIN et PH. LAUZUN

AGEN

IMPRIMERIE ET LITHOGRAPHIE AGENAISES

1898

CHATEAU DE PERRICARD
(Lot-et-Garonne)

LE
CHATEAU DE PERRICARD

I

L'Agenais, éprouvé, ruiné plus que tout autre pays par les guerres de religion du xvie siècle, n'est pas riche en monuments de la Renaissance.

Pour construire de somptueuses résidences, même pour bien décorer un modeste logis, — les sculpteurs se payant cher, — il est bon d'avoir argent en poche et d'être assuré du lendemain. Or, sous les règnes des trois derniers Valois, il manquait aux Agenais tout à la fois l'argent et la sécurité.

Nous devons étudier avec d'autant plus de soin les quelques œuvres datant de cette époque qu'elles sont plus rares.

Le château de Perricard, de second ordre et d'apparence bourgeoise plutôt que féodale, figure parmi les plus intéressantes. Il offre de curieux détails ; il est à date certaine.

Lors d'une première visite à Perricard, qui remonte à plus de vingt ans, l'un de nous remarqua sur deux pierres de démolition fort effritées, qui se raccordaient, l'inscription : ANTOINE DE RAFFIN, SIEUR DE PERRICAT, MDLXV. Depuis lors ces deux pierres ont disparu. Les documents nous apprennent qu'Antoine de Raffin était bien seigneur de Perricard à la date indiquée et cette date est évidemment celle de la construction.

Chez nous, à partir du milieu du xve siècle, on a édifié bon nombre de châteaux sur un plan rectangulaire, lorsque l'emplacement se prêtait à la symétrie. Le type est fort simple : quatre corps de logis soudés à angle droit et cour intérieure.

Le château de Perricard, ainsi établi, reproduit en réduction ce que l'on voyait en grand dans les demeures féodales des d'Albret à Nérac, des barons de Duras et de Pujols dans les seigneuries de ce nom.

Des tours flanquent, selon l'usage, les angles du quadrilatère. Elles sont rondes et fort saillantes, sauf à l'angle sud-est, où se voit une tour engagée dans œuvre, sur plan carré. Nous donnerons la raison probable de cette disparate.

Le château est exactement orienté et sa façade regarde le sud. Les clôtures intérieures du corps de logis au nord, la moitié du logis à l'ouest et la tour d'angle au nord-ouest ont été démolies à des époques peu éloignées de nous. Le logis à l'est, qui était voûté, a beaucoup souffert. Il ne reste de bien conservé qu'à peine une moitié des bâtisses.

Ces constructions sont peu soignées au point de vue du choix et de la taille des moëllons ; toutefois le mortier, mélangé de cailloux, est assez résistant. On a donné aux tours une grande épaisseur. Elles n'ont pas moins de quatre ou cinq étages de feux, y compris le rez-de-chaussée et le couronnement. L'ébrasement des meurtrières dans le sens de la largeur répond à l'emploi des armes à feu. Cet appareil défensif ne peut faire illusion. La position n'est pas forte ; dépourvu de fossés, le château de Perricard est accessible de tous côtés ; enfin les plus courtes échelles permettaient d'atteindre les nombreuses fenêtres largement ouvertes. Dans ce logis, on était à l'abri des coups de main ; on pouvait résister à des sommations d'huissier ou braver une bande de pillards ; il n'était pas possible de soutenir un siège sérieux.

Nous avons cru inutile de relever et de donner un plan du château. La description est suffisamment simplifiée par la reproduction d'une vue extérieure, que les lecteurs ont sous les yeux.

La tour carrée de la façade, engagée dans la construction, n'est pas exactement du même appareil que les corps de logis. Une de ses fenêtres, ouverte à l'est, à cintre brisé, est munie d'un remplage en style flamboyant. Une meurtrière dans l'étage supérieur a son ébrasement dans le sens de la hauteur. Aucune de ses particularités ne se retrouvant dans le reste du château, cette encoignure est, selon toute apparence, antérieure à la construction exécutée par Antoine de Raffin, mais de combien ? de trente ans ou d'un siècle ? C'est fort difficile à trancher.

Dans l'Agenais, les architectes ont été constamment en retard sur ceux des provinces du nord et du centre pour tout ce qui touche à la décoration des édifices.

Quelques-unes de nos églises du milieu du xvie siècle sont encore franchement gothiques et, sauf quelques détails des portes, pareilles aux édifices du xve. Les remplages des fenêtres en style flamboyant reproduisent des modèles usités pendant un siècle et demi ou deux siècles.

Sur les terres de Perricard, qui constituaient le fief des Raffin, une tour s'élevait qui fut utilisée dans la construction du milieu du xvie siècle : voilà tout ce que l'on peut constater.

Une porte cochère s'ouvre au midi, à proximité de cette tour ancienne. Un passage, voûté en deux compartiments de croisées d'ogives, aboutit à la cour intérieure, assez étroite, dans une encoignure de laquelle se voit un large puits.

Il faut tourner à gauche pour se trouver en face d'une seconde porte qui dessert le rez-de-chaussée et correspond à un escalier à vis, par lequel on accède au premier étage,

Cet escalier, de grandes dimensions, est logé à peu de distance de la tour ronde de la façade. Il a son prolongement dans une petite tourelle en porte à faux liée à la tour, comme on le voit dans notre planche. Réduit à partir de ce point aux dimensions qui suffisent pour le passage d'un homme, il aboutit à la plateforme supérieure de la tour.

Dans les corps de logis, les chambres sont en enfilade ; ce qui gêne et complique la circulation. Il devait y avoir un escalier secondaire dans les parties du château qui sont détruites. De nos jours, on a tout simplifié en changeant la destination d'une fenêtre de premier étage, dont on a fait la porte desservie par une montée extérieure (figurée au centre de notre planche). De la sorte, deux propriétaires différents ont pu s'installer dans le château avec des issues indépendantes.

La cuisine, dans la partie qui se voit entre l'escalier moderne et la tour ronde, est large et recouverte de voûtes d'arête en deux compartiments. L'ampleur de sa cheminée (3^m 25 de largeur ; 1^m 80 d'ouverture en hauteur) fait rêver à de grosses pièces de venaison rotissant à des brasiers de troncs d'arbre.

On voit des cuisines plus monumentales encore dans les châteaux de Duras, de Fourcès, d'Estillac. Ces salles, admirablement voûtées, si vastes que l'office des marmitons, tourneurs de broche et servantes était facile, ces ventres monstrueux des anciennes demeures féodales nous apparaissent comme des pièces justificatives de certains chapitres de Rabelais. Nombreux personnel et large hospitalité caractérisaient autrefois la vie de château.

Il serait inutile de dénombrer les pièces et d'en rechercher la destination, d'autant plus que la plupart sont simplement des chambres à coucher, mais il importe au contraire de signaler tout ce que la décoration de l'édifice peut avoir d'artistique ou d'original.

La porte cochère et la porte de la cour ont des encadrements de style gothique. La première offre un tympan entre un arc à anse de panier et une voussure dont le tiers-point est très pur. Les bâtons écotés (*écots* en terme de blason) figurent sur deux rangs dans ces archivoltes en placage. Un bâton écoté prolonge de chaque côté en ligne verticale les pieds-droits extérieurs. Ils sont surmontés, de même que la voussure terminée par une légère accolade, d'un singulier motif remplaçant le fleuron ordinaire. Le sculpteur a représenté une échauguette crénelée et à meurtrières en croix, à la toiture en poivrière, assise sur des corbeaux. C'est peut-être un peu lourd, mais nullement banal. En matière d'art, tout ce qui sort du convenu et de la copie mérite l'attention.

A droite et à gauche de l'accolade, s'épanouissent deux rosaces composées d'un bouton central et de deux cercles de fins pétales.

Voici les deux éléments qui caractérisent le mieux les édifices de la Renaissance dans une partie du Quercy et qui pénètrent en Agenais sur la frontière : le bâton écoté et la rosace d'un module relativement grand.

Le bâton écoté garde naturellement la forme d'un tore ; il est plus décoratif que les moulures prismatiques, dont on a abusé depuis le milieu du xve siècle, en les groupant par faisceaux de pièces grêles, en les subdivisant trop et qui ont produit avec de beaux modèles nombre de spécimens qui sentent la recherche et la décadence.

Les sections de branches sur un tore produisent un excellent effet, surtout quand elles sont appliquées à des bâtons d'un faible diamètre. Il existe dans les archivoltes de quelque portes d'églises de vrais troncs écotés qui sont loin de convenir aussi bien à la décoration : ce motif agrandi manque de légèreté.

La rosace est un motif employé dès l'époque romane, perfectionné au xiiie siècle et qui s'est maintenu pour les clefs de voûte avec des divisions plus ténues durant la période gothique. Il a été conservé, avec quelques modifications, par les artistes du Quercy dans le cours des xvi° et xvii° siècles. La rosace est alors divisée en deux ou trois couronnes de pétales finement dégagés de la pierre. Son galbe ni son module ne sont pas ceux de la rose naturelle, dont le xviii° siècle devait faire un si gracieux emploi ; elle est plus aplatie et infiniment plus développée. C'est une des grosses pièces de l'ornementation des portes, des fenêtres, des cheminées, prodiguée à Perricard. Faute de dessin, une comparaison vulgaire me fera comprendre. Les roses ainsi traitées peuvent atteindre les dimensions d'une petite assiette. Aussi sont-elles toujours clair-semées, espacées.

Rien de pareil à ces associations d'écots et de rosaces ne se voit dans les monuments de la Renaissance cités comme classiques, ceux du nord et du centre, ceux qui chez nous en ont été inspirés comme les cheminées et le fronton du château de Lauzun, ceux de l'école toulousaine.

Nous n'affirmerons point pour si peu que le Quercy ait eu son école. La prétention serait trop ambitieuse. Il faut constater simplement que les sculpteurs de ces pays ont eu de la prédilection pour des motifs bien à eux, ce qui suffit à donner à leurs œuvres un caractère original. Il reste à déterminer jusqu'où s'étend leur zone de production. Nos recherches, commencées sur la frontière de l'Agenais, n'ont pas dépassé Cahors. D'autres pourront établir des limites précises.

Quelques mots seulement sur les détails intéressants du château de Perricard. La porte donnant sur la cour est surmontée d'une accolade et d'un fleuron ; des clochetons, de pur style gothique, pyramident au-dessus des pieds-droits d'encadrement. Dans un autre pays on serait autorisé à dater cette porte de l'an 1500 environ. Combien nous étions en retard en Agenais !

Les fenêtres, de dimensions inégales, mais toutes à peu près carrées, ont un encadrement de moulures prismatiques relativement espacées dans leurs montants fort larges ; puis l'encadrement ordinaire de la partie supérieure en grand relief, avec des amortissements sur culs-de-lampe très fouillés, aux deux tiers de la hauteur des baies.

Un encadrement du même genre est appliqué au couronnement de trois portes ouvertes, presque de front, dans

l'escalier, sur le palier du premier étage. Là, c'est un des plus beaux spécimens que l'on puisse citer des motifs originaux du style Quercinois : bâtons écotés, fleurs de lys et rosaces forment par leur combinaison un ensemble ornemental d'une rare délicatesse [1].

---

(1) Nous devons le dessin ci-dessus, au crayon habile et toujours si artistique de notre collègue, M. le commandant Lac de Bosredon.

Il y a deux cheminées monumentales dans les grandes chambres. L'une d'elles, presque aussi large que celle de la cuisine (2^{m}50 de largeur ; 1^{m}50 de hauteur sous le manteau), est surmontée d'un panneau peint, sur lequel l'artiste a représenté un combat. Les couleurs en sont fort effacées ; on ne distingue plus guère que deux canons sur des affûts très bas et leurs servants.

Le visiteur n'oubliera pas de lever les yeux pour admirer deux plafonds à la française, ornés de dessins tricolores, noir, blanc, rouge, formant des losanges échiquetés, des banderolles, des courses de feuillage, des palmettes associées à des contre-courbes, des roses.

Nous avons constaté que les artistes décorateurs du château ont employé des motifs gothiques surannés depuis cinquante ans. En même temps ils accueillirent une nouveauté, l'appareil vermiculé, dont l'importation d'Italie est, croyons-nous, de bien peu antérieure à l'an 1565. Un bandeau de cet appareil figure au-dessus des machicoulis de la tour d'angle de la façade.

Ces machicoulis ont eux-mêmes reçu une décoration originale : composés de trois rangs de corbeaux superposés, ils sont cannelés dans le sens vertical.

Parmi les éléments appliqués à l'ornemention on ne voit pas figurer de motifs empruntés à la faune. La seule exception est peut-être une salamandre sculptée sur une petite console.

Le corps de logis à l'est contenait une salle divisée en trois travées voûtées en croisées d'ogives. Les sommiers des arcs subsistent seuls. Cette pièce était peut-être ouverte par trois arcades sur la cour intérieure. C'était, croyons-nous, la chapelle du château, dont il sera parlé plus loin, longue de 6^{m}20, large de 3, et où se lit encore cette inscription en lettres noires : *Anne De Besole m'a fête*.

La tour ronde de la façade offre au rez-de-chaussée, une

salle voûtée en berceau et, au premier étage, une salle voûtée en croisée d'ogives.

Les Raffin ont multiplié dans le château de Perricard, sur le tympan des portes, sur le manteau des cheminées, la représentation de leurs armoiries qui sont : *d'azur à la fasce d'argent, surmontée de trois étoiles d'or.*

Sur un de ces exemplaires, leur blason est écartelé de celui de La Goutte qui est : *de gueules à trois tours d'argent, celle du centre dominant les deux autres.*

Ceci nous amène à donner un court aperçu de l'histoire de ce château, ou plutôt à citer, avec les quelques rares documents à l'appui que nous ayons pu trouver, les noms des différentes et nombreuses familles qui l'ont possédé jusqu'à ce jour.

II

Les Raffin. — Il n'existe pas de généalogie imprimée de la famille de Raffin. Les notes qui vont nous servir proviennent en grande partie de la généalogie manuscrite qu'en a dressée avec beaucoup de soins Madame la comtesse de Raymond, d'après la filiation de cette famille, relevée au cabinet des Titres, dossiers bleus, de la Bibliothèque Nationale [1].

Nous connaissons peu de choses sur les premiers seigneurs de Perricard. Ils semblent provenir de la branche aînée des Raffin, originaires du Rouergue, dont parle M. de Barrau. Ils portaient en tous cas les mêmes armes.

Pierre de Raffin, damoiseau, qualifié vers 1400 de seigneur de Perricard en Agenais [2], avait épousé en secondes

---

(1) Archives départementales de Lot-et-Garonne. Fonds de Raymond. N° 24.
(2) Nobiliaire du Limousin, t. III, p. 142.

noces Catherine de Cuzorn, qui peut-être lui apporta la terre de Perricard, non éloignée de celle de Cuzorn. Perricard, dont le nom s'écrivait primitivement Pech-Ricard, Puy-Ricard, se trouve en effet sur un *pech* élevé de la rive gauche du Lot, commune de Montayral, canton de Tournon, Lot-et-Garonne.

De son premier mariage avec Carlie de La Malterre, Pierre de Raffin eut plusieurs enfants. Son fils aîné, *Amanieu*, seigneur de Perricard, épousa Bernarde de Parazoles [1] et en eut un fils *Armand*, qui, par son union avec Jeanne de la Tour de Reyniès, dame de Puycalvary, devint seigneur de Puycalvary et fut le chef de la branche des Raffin de ce nom.

C'est d'elle que sortirent, au XVIe siècle, les deux sénéchaux de Raffin, dont le rôle fut considérable dans l'histoire du pays. Le fils aîné d'Armand fut en effet cet *Antoine de Raffin*, plus connu sous le nom de *Pothon*, qui, le 15 décembre 1520, faisait dans la ville d'Agen, en qualité de sénéchal de l'Agenais et escorté des principaux seigneurs de la contrée, une entrée des plus brillantes. Le souvenir en a été conservé par un procès-verbal, déposé aux Archives municipales, et dans lequel nous voyons qu'il lui est attribué une somme de 2.000 livres [2].

Son fils, *François de Raffin*, lui succéda et fut investi de la même dignité dès 1553. Lui aussi entra solennellement dans Agen, le 14 mai de cette année [3], et, depuis cette époque, fut mêlé à toutes les affaires des guerres de religion. En 1561, à la requête des Consuls et de l'avis de Monluc, il arrête « qu'il est défendu d'admettre aux charges du Consulat de la ville d'Agen et aux assemblées de la Jurade des personnaiges nottés d'aulcungs vices ni de relligion déffé-

---

(1) Cabinet des titres. Cf. Généalogie manuscrite de Mme de Raymond.
(2) Archives municipales d'Agen, AA. 41 et BB. 23.
(3) Idem. BB. 27.

rente; » ce dont les Consuls prennent acte, conformément à la coutume de la ville, « qu'est très saine, catholique et chrétienne, escripte et confirmée par les feus Roys de France de bonne mémoire [1]. » Nous le voyons remplir très scrupuleusement ses fonctions, et, à plusieurs reprises, imposer pour de fortes sommes les habitants et la sénéchaussée d'Agen [2]. François de Raffin mourut en 1572, laissant de son mariage avec Nicole Le Roy une fille Antoinette, qui épousa Guy de Lusignan de Saint-Gelais et apporta dans cette dernière famille la terre de Puycalvary.

Antoine et François de Raffin, sénéchaux d'Agenais, ne possédèrent jamais la seigneurie de Perricard. Elle resta l'apanage du second fils d'Armand de Raffin, Armand II, lequel devint de ce fait le chef de la branche des Raffin de Perricard, qui seule nous intéresse ici.

Armand II de Raffin, seigneur de Perricard, épousa l'héritière de La Salle de Pilles, dans les premières années du XVIe siècle [3]. Il en eut, entre autres enfants, un fils Antoine, à qui revint la terre de Perricard.

C'est cet *Antoine de Raffin*, dont le nom est resté mentionné, à la date de 1565, sur une pierre du château. C'est donc lui qui dût, sinon bâtir à neuf, du moins restaurer le vieux manoir de ses ancêtres, l'agrandir considérablement et décorer ses portes, ses fenêtres, son escalier, ses cheminées de ces fines et délicates moulures, dans le style si pur de la Renaissance, qui en font encore l'ornement et le principal attrait.

Antoine de Raffin épousa, toujours d'après les mêmes sources, l'héritière d'Ossel, dame de Lafontade, dont il eut : 1° Philippe qui suit ; 2° Pothon, chevalier, seigneur de La-

---

(1) Archives municipales d'Agen. BB. 30.
(2) Idem. CC. 61.
(3) Cabinet des Titres. Cf. : Généalogie de Mme de Raymond.

fontade; 3° Raymonde, épouse de Pierre de Faudoas, seigneur de Cabanac.

Le rôle, joué par Philippe de Raffin dans les évènements qui vont suivre, relatifs aux vicissitudes qu'eut à subir le château de Perricard, est trop important pour que nous ne rapportions pas tous les faits connus de son existence mouvementée.

Philippe de Raffin, seigneur de Perricard, épousa le 24 juin 1570 Quitterie de Grossolles de Flammarens, dont il eut quatre enfants : 1° Jean ; 2° Guy, sieur de Garrigues ; 3° Marguerite, mariée le 16 octobre 1594 à Antoine de Rozet, seigneur de La Garde, qui reçut en dot 5,000 écus d'or, plus deux robes, l'une de velours cramoisy violet, l'autre de damas noir [1] ; 4° François, seigneur de Meure.

Très intéressé, d'un caractère difficile, Philippe de Raffin est engagé de bonne heure dans de nombreux procès. En 1596, le Présidial d'Agen le condamne à payer seize écus qu'il doit à Jean Ségurel, marchand de Puy-l'Evêque [2]. Par contre, la même année, il obtient du même tribunal le paiement des cens, rentes et droits seigneuriaux que lui doivent quatre de ses tenanciers [3]. En 1601, le seigneur de Perricard est condamné à rembourser aux sieurs Dambier et Vilars la valeur des pailles de la dime de la cure de Montayral [4]. Puis, ce sont des menaces de saisie par deux de ses voisins, Antoine de Montalembert, seigneur de Monbeau [5] et Jean de la Peyronie [6]. Enfin, il n'est pas de fait, pour aussi minime qu'il soit, qui ne donne lieu à quelque revendication de sa part ; témoin le procès qu'il intente en

---

(1) D'Hozier. Généalogie de Rozet. Cf. Mss. de Raymond.
(2) Archives départementales de Lot-et-Garonne. B. 567.
(3) Idem. B. 562.
(4) Idem. B. 600.
(5) Idem. B. 627.
(6) Idem. B. 640.

1603 au sieur Tartary et par lequel il l'assigne « en condempnation de la valeur légitime de certain oyseau de proie [1] », etc.

On comprend que la vie quotidienne n'était guère facile avec un personnage de cette trempe. C'est le sentiment qu'éprouva sa belle fille, Anne de Bezolles, lorsqu'elle fut devenue veuve et qui la poussa à entamer contre lui ce long et si curieux procès, sur lequel nous croyons devoir revenir.

Dans un article des plus soignés, paru en 1888 dans la *Revue de l'Agenais*, M. Joseph Beaune, s'inspirant des riches archives de la maison de Raffin en la possession de Mme la comtesse de La Myre-Mory, a, le premier, signalé avec force détails « cet incident judiciaire du commencement du XVIIe siècle [2] ». Si nous le rappelons ici et nous nous permettons de le résumer aussi sommairement que possible, c'est que nous croyons ne pouvoir laisser ceux de nos lecteurs, qui n'auraient pas sous la main cette consciencieuse étude, dans l'ignorance de faits intéressant à un si haut degré l'histoire du château de Perricard.

Le fils aîné de Philippe de Raffin, Jean, épousa le 4 juillet 1597, Anne de Bezolles, fille de Jean de Bezolles, seigneur de Bezolles, Beaumont, Cauderoue, etc., l'un des personnages les plus en vue du Condomois, et de Paule de Narbonne. Le contrat fut signé au château de Beaumont [3], Philippe de Raffin donnait à son fils la seigneurie et place de Meure, des rentes sur la terre de Puy-l'Evêque et le tiers de tous ses biens. Sa mère, Quitterie de Grossolles lui faisait

---

(1) Archives départementales de Lot-et-Garonne. B. 613.
(2) *Saisie du château de Perricard ; Incident judiciaire du XVIIe siècle*, par M. Joseph Beaune. *Revue de l'Agenais*, t. XV, 1888, p. 114-131.
(3) Le château de Beaumont sur l'Osse, à 7 kilomètres à l'ouest de Condom, est l'un des plus anciens fiefs de la vieille maison de Bezolles. Il fut restauré en partie au siècle dernier par le célèbre architecte Souffron. Il appartient aujourd'hui à M. le comte Raymond d'Aux, qui en a hérité de sa tante Mme la comtesse de Galard.

don également « de la tierce partie de tous ses biens et droits auxquels elle pouvait prétendre sur la maison et le château de Perricard, » etc. La future apportait, de son côté, 5,000 écus de dot [1].

Un an s'était à peine écoulé que Jean de Raffin mourait tragiquement, tué en duel, le 2 octobre 1598, par Louis de Brunet, seigneur de l'Estelle et baron de Pujols. Il laissait un fils *Paul-Philippe*, qui, de ce fait, héritait de son père. Mais cet enfant étant mort à son tour huit mois après, toute la fortune passa sur la tête de la jeune veuve, Anne, qui se mit en devoir de la revendiquer à ses beaux-parents. Ceux-ci firent la sourde oreille et un procès fut intenté contre eux.

Anne de Bezolles. — Anne de Bezolles, nous apprend M. Beaune, demandait à Philippe de Raffin et à sa femme « le paiement de ses cinq mille écus de dot, de deux mille écus représentant le gain de survie, de la moitié de la pension de deux cent cinquante écus sol qu'ils devaient faire au jeune ménage depuis le mariage jusqu'à la mort de Jean, la paisible possession et usufruit de la place de Meure et les rentes de Puy-l'Evêque. De plus, elle réclamait la moitié des chevaux, armes, habits et équipages, appartenant à son mari au moment de son décès ou sa légitime valeur ». La Cour Présidiale d'Agen lui donna raison, et, pour obtenir satisfaction immédiate, Anne fit saisir la terre de Perricard. A cet effet, le 2 juin 1600, le sergent royal afficha les armes et panonceaux royaux « tant à la porte dudit château qu'aux autres endroits plus apparents desdits lieux ».

---

(1) Archives départementales de Lot-et-Garonne, B. 30. C'est par erreur que la cote de cet acte, de même que la table du registre, inscrivent en tête la mention du mariage de Jean de Bezolles et de Paule de Narbonne. La lecture attentive du document prouve bien qu'il s'agit du mariage de leur fille Anne de Bezolles avec Jean de Raffin, et que par une inattention inexplicable le scribe a pris le beau-père et la belle-mère pour la fille et le gendre.

Philippe de Raffin, on devait s'y attendre, protesta énergiquement. Il argua que l'argent réclamé, c'est-à-dire la dot, servait actuellement à poursuivre le meurtrier de son fils et que l'affaire était pendante. Le même Présidial ne l'entendit pas ainsi, et, le 20 novembre 1600, il prononçait en faveur d'Anne de Bezolles l'adjudication de la place de Perricard. Une enchère ayant été mise, cette dernière s'en rendit de nouveau adjudicataire pour la somme de 40,000 livres, et, le 22 janvier 1603, le Parlement de Bordeaux la mit en pleine possession de cette propriété.

Mais ici commencèrent les difficultés. Devant la résistance toujours croissante des châtelains de Perricard, le Parlement commit le sieur Géraud Sarran [1], conseiller du Roi en la Cour de la Sénéchaussée de Gascogne, au siège de Condom, afin qu'il fît exécuter la sentence rendue. Sur la réquisition que lui prescrit Scipion Dupleix, avocat de la dame de Bezolles et frère de l'auteur de l'*Histoire Générale*, Sarran part, le 13 décembre 1604, avec le greffier et le notaire de Condom pour Agen et de là pour Tournon, où Dupleix se rend à son tour. Anne de Bezolles « suit en coche, accompagnée de trente chevaux ». Là, nouvel incident suscité par Mᵉ Pierre Faure, procureur du sieur de Raffin, « lequel, dit-il, ne peut se rendre audit lieu de Tournon, vu l'inimitié qui existe entre lui et le sieur de Giscart, gouverneur de ladite ville ». Après de longs pourparlers, Sarran perd patience, et il part avec tout son entourage pour le château de Perricard.

Arrivés devant la porte, Dupleix donne lecture de l'arrêt d'adjudication et requiert son exécution réelle. Mais la porte reste barricadée, et personne ne répond aux injonctions réitérées faites par les gens du dehors. Acte est alors sim-

---

(1) Nous croyons qu'il faut lire Sarran (famille bien connue de Condom) et non Sarrau, comme l'a écrit M. Beaune.

plement dressé et Anne de Bezolles proclamée de la façon suivante châtelaine de Perricard : « Sarran la prend par la main, écrit M. Beaune d'après les pièces même de procédure, et la met en possession du château, ses appartenances et dépendances, leurs rentes et autres devoirs seigneuriaux, par l'attouchement de la porte principale et la coupure des sarments et arbres qui étaient dans une vigne et le jardin. Puis il fait défense au sieur et demoiselle de Perricard et tous autres de troubler Anne de Bezolles dans la jouissance dudit château, sous peine de dix mille livres d'amende ». Même procédure pour les métairies de Mortefont et de Fossal en la paroisse de Montayral, de Naucal en celle de Perricard, le moulin de Garrigues sur le Lot et quelques autres terres. Après quoi, tout le monde se retira.

Il en fallait davantage pour que Philippe de Raffin se soumit à sa belle-fille. Cette dernière, ne pouvant venir à bout de son entêtement, obtint, en janvier 1605, un nouvel arrêt du Parlement de Bordeaux qui lui permettait « de faire briser et rompre les portes dudit château ». Elle revint à Perricard avec le vice-sénéchal Nadau, suivie cette fois d'archers. Mais elle ne fut pas plus heureuse, « à cause des rebellion et forteresse de ladite maison noble et chasteau de Perricard, estant les portes d'ycelle maison garnies de grilhes de fer. »

Loin de se décourager, la jeune châtelaine supplie de nouveau la Cour, à la date du 13 mai 1605, « de lui permet-
» tre de faire mener le canon au devant dudit chasteau, et,
» à ces fins, enjoindre au sénéchal de Gascogne de s'y ache-
» miner avec tel nombre d'hommes qui sera nécessaire afin
» que la force en demeure au roi et à la justice, et en outre
» lui permettre de surprendre ledit chasteau par escalade
» de jour ou de nuit ». Le Parlement accède à sa demande et signification en est faite le 21 mai au seigneur de Perricard. Comme toujours, ce dernier n'en tint aucun compte et persista dans sa rébellion.

Il ne restait plus à Anne de Bezolles qu'à s'adresser au gouverneur de la province, qui était alors le maréchal d'Ornano et « à employer la force suivant son autorité et parvenir même par induction du canon ». C'est ce qu'elle fit. Le maréchal délégua à cet effet Michel Lepotier, seigneur de Beauboys, prévôt général de maréchaussée de France, qui, le 7 août, arriva escorté de six archers devant la grande porte du château de Perricard. Ils ne trouvèrent que la châtelaine Quitterie de Grossolles, qui prétendit que son mari s'était rendu à Cahors pour chercher de l'argent. Déjà les archers se retiraient, quand ils reçurent l'ordre exprès du maréchal d'exécuter sans plus tarder ses ordres. Ils revinrent devant le château, heurtèrent la porte à maintes reprises, n'entrevirent à une croisée qu'une jeune fille qui aussitôt disparut, et finalement se contentèrent d'attacher aux murs les placards royaux.

Furieuse de tant d'atermoiements, Anne de Bezolles obtint un nouvel envoi de dix archers et d'un trompette, bien résolus cette fois à user des derniers moyens. Ils investirent subitement le château et se mirent en devoir de démolir le grand portail. Voyant que toute ressource était épuisée, Philippe de Raffin se décida alors à comparaître en personne. Il donne l'ordre d'ouvrir toutes les portes et présenta les clefs à M. de Beauboys. Ce dernier prit solennellement possession de Perricard au nom de la dame de Bezolles ; il y séjourna huit jours avec ses archers ; et, quand sa cliente se présenta, le 23 août 1606, suivie d'une nombreuse escorte, il lui remit officiellement les clefs du château. Anne les prit et « déchargea les archers de leur garde et de celle du château, fait, ajoute M. Beaune, consigné dans une déclaration collective [1] ».

Victorieuse sur toute la ligne, l'opiniâtre Gasconne comprit

---

(1) *Saisie du château de Perricard*, par M. J. Beaune. Cf. : Archives des Raffin.

qu'il était peu prudent de séjourner à Perricard sans protecteur attitré, ses ennemis, les Raffin, s'étant retirés non loin de là, au lieu de Nicques, près de Montayral. Aussi s'empressa-t-elle de convoler en secondes noces et d'épouser noble N. de Chayrieix, écuyer, seigneur de Boisse. Bien lui en prit. Car moins de trois ans après, durant une de ses absences, Philippe de Raffin et ses deux fils Guy et François se présentèrent tout à coup, le 27 juin 1609, armés jusqu'aux dents, devant Perricard. Ils s'emparèrent du château « et grandement battirent et offensèrent les serviteurs de la » maison, les chassèrent et menacèrent d'homicide tous » ceulx qui s'y présenteraient pour prendre les fruicts, voire » même le blé que l'on coupe journellement [1]. »

Ce fut l'objet d'une nouvelle instance, au cours de laquelle Anne de Bezolles requit le Parlement

« D'enjoindre au sénéchal d'Agenais, capitaine, consuls, etc., de saisir ceulx » qui se sont emparés du château de Perricard, de les mener à la Conciergerie et de leur permettre de se servir de toutes sortes d'armes et aultres » instruments nécessaires, notamment d'y amener et faire battre le canon, » poser pétards, escalader et enjoindre à toutes sortes de gens de prêter aide » à l'exécution des arrêts sous peine de 10,000 livres d'amendes. »

Mais on n'en arriva pas à cette extrémité. Le château de Perricard resta une fois encore intact. Les sieurs de Raffin furent violemment expulsés, les fils poursuivis et punis, et Anne de Bezolles définitivement réintégrée avec son mari dans le susdit château. Ce dernier incident se passa vers la fin de juillet 1609.

Maîtresse absolue de sa nouvelle demeure, Anne de Bezol-

---

(1) Ce François de Raffin, seigneur de Meure et époux de Rose de Limayrac, eut une fille *Catherine* qui épousa, le 25 octobre 1622, Pierre d'Albarel, seigneur de Saint-Clair et de Lapoujade, conseiller du Roi, lieutenant-général en la sénéchaussée de Quercy (Arch. départ. de Lot-et-Garonne, B. 48). Dans le contrat la jeune épouse est dite fille de *feu François de Raffin, seigneur de Perricard*. On voit que, même après sa mort, ce dernier ne désarmait pas et portait encore le titre qui lui avait été si chèrement disputé.

les y effectua d'assez nombreuses réparations et elle l'aménagea dans le goût du temps. On a vu qu'elle tint à signer, de son propre nom, la création d'une chapelle dans l'intérieur du château.

Les du Lac de La Pérède. — Devenue veuve une seconde fois, Anne de Bezolles épousa en troisièmes noces *Jean du Lac, seigneur de La Pérède*, qui, ainsi que nous le trouvons qualifié dans une sentence rendue le 3 août 1611 par le Présidial d'Agen contre Michel Contenson, marchand, et Guy de Raffin, seigneur de Guarrigues, devint par ce fait seigneur de Boisse et de Perricard [1].

Elle en eut un fils, *Mathieu Paul du Lac de La Pérède*, qui, à la mort de son père, hérita de Perricard. Nous le voyons, avec le titre de baron de ce lieu, assister comme témoin au mariage de sa sœur Paule du Lac avec Brandelys de Cugnac. La cérémonie se fit, le 12 septembre 1630, au château même de Perricard [2]. Lui-même épousa peu après Suzanne du Maine.

Les de Salignac-Fénelon. — De ce dernier mariage naquit une fille *Anne du Lac de La Pérède,* qui épousa fort jeune, le 16 mars 1646, au château de Perricard et assistée de son aïeule Anne de Bezolles, ses père et mère étant morts à cette époque, Messire *Pons François de Salignac-Fénelon*, fils de Pons de Salignac, comte de Fénelon et d'Isabeau d'Esparbès de Lussan [3].

Originaire du Périgord, la famille de Salignac-Fénelon comptait déjà à cette époque d'illustres membres, dont le baron de Salignac, célèbre par son ambassade de Constanti-

---

[1] Archives départementales de Lot-et-Garonne. B. 678.
[2] Saint-Allais, t. XVII, p. 191. Généalogie de Cugnac.
[3] Archives départementales de Lot-et-Garonne, B. 63, p. 274 et suiv.

nople sous Henri IV [1]. Nous rappellerons seulement pour mémoire qu'elle donna le jour au futur archevêque de Cambrai.

Anne de Bezolles testa cette même année 1647 au château de Perricard. Elle fondait trois messes par mois dans sa chapelle privée et laissait toute sa fortune à sa petite-fille, Anne du Lac [2]. C'est ainsi que cette dernière apporta Perricard à la famille des comtes de Fénelon. Mais cette terre ne fit que passer entre leurs mains, François de Salignac, d'accord avec sa femme, l'ayant vendue peu après à la famille de Bosredon.

Nous ne la laisserons pas cependant sortir de la famille des Fénelon sans signaler la visite que fit, alors qu'ils en étaient encore propriétaires, le 9 septembre 1667, Monseigneur Claude Joly, évêque d'Agen. Dans « *le Livre secret concernant l'estat de l'archiprêtré de Tournon pour la seule personne de Monseigneur l'Evêque d'Agen* [3] », nous lisons en effet qu'après avoir dîné au château de Perricard et visité l'église de Saint-Germain de Montayral et son annexe Saint-Martin de Mazières, autrement de Perricard, ce prélat visita également la chapelle du château.

« Et ledit jour nous avons visité la chapelle domestique, située au château de Pericard, appartenant à M. de Fénelon, en la paroisse de Pericard. Elle est longue de 8 pas, large de 4, voutée et carrelée, un cabinet au-dessus, une galerie d'un côté, dégagée des autres côtés. Il y a une fenêtre sur l'autel qui est garnie d'une bonne pierre, de deux nappes, etc..., d'un voile de taffetas blanc, d'une chasuble de camelot blanc, d'une aube, d'un calice et patène d'argent, d'un devant d'autel de taffetas blanc, d'un autre de toile peinte, d'un petit missel, une croix au milieu de l'autel, deux petits chandeliers de laiton, de deux images aux côtés de l'autel. On nous a dit que feue madame Anne de Bezolles, femme de M. de Boisse, avait ordonné par testa-

---

(1) Lachesnaye des Bois. Art. Salignac. Cf. : St-Allais, t. vii, p. 451-459.
(2) Manuscrit de Raymond. Généalogie de Raffin.
(3) Manuscrit égaré par hasard des Archives de l'Evêché d'Agen à la Bibliothèque municipale de cette ville.

ment en l'année 1646 qu'il serait célébré trois messes par mois ès jours ouvrables en ladite chapelle, moyennant quoy il serait donné vingt livres par an au sieur curé, qui dirait lesdites messes, et que cette fondation ne devait durer que vingt ou trente ans. »

Les de Bosredon. — Ce fut peu après cette date de 1667 que *François de Bosredon*, seigneur de Bajon, acquit du comte de Salignac-Fénelon le château de Perricard [1]. D'une ancienne famille originaire de l'Auvergne, le nouveau propriétaire paraît appartenir à la branche des Bosredon de Bessannes. Il semble être le troisième fils d'Henri de Bosredon, seigneur de Bessannes et de La Garenne et de Madeleine de Fumel [2]. La proximité des deux châteaux de Fumel et de Perricard pourrait expliquer cette acquisition.

François de Bosredon avait épousé Catherine de Bonnafous. De ce mariage était née une fille *Anne-Marguerite*, qui se maria à Messire *François de la Goutte* et qui, devenue héritière de son père, apporta à son mari la seigneurie de Perricard.

En moins de cent ans, cette terre avait donc appartenu aux Raffin, aux Bezolles, aux du Lac de La Pérède, aux Salignac-Fénelon, aux Bosredon, enfin aux La Goutte de La Pujade.

Les La Goutte de La Pujade. — Poètes et guerriers, les La Goutte de La Pujade ou La Poujade, seigneurs du Buscon en Bruilhois, de Cours, d'Anthé, de la Duguie en Agenais, de Prats, de Gironde, de Castanède, de Monclara en Périgord et en Quercy, étaient depuis longtemps célèbres dans le pays, lorsque, à la fin du xviie siècle, ils devinrent propriétaires de Perricard. Leur principale résidence était le

---

(1) Malgrés nos plus minutieuses recherches, il ne nous a point été possible de trouver la date exacte de cette mutation de propriété, certifiée cependant par tous les auteurs et plus particulièrement par l'abbé Barrère. (*Revue de Gascogne*, t. xvi, p. 86).

(2) Lachesnaye-des-Bois. Art. Bosredon.

château de La Poujade sur la rive gauche du Lot, paroisse de Saint-Vite-de-Dor, juridiction de Tournon. C'est le lieu qu'illustrèrent les divers poètes de cette famille durant tout le xvi⁰ siècle, d'abord *Jean de la Goutte*, secrétaire du Roi, que l'on trouve dans l'escorte de Pothon de Raffin lors de son entrée dans Agen en 1520 [1], puis son fils *Antoine de La Pujade*, sur le compte duquel Colletet d'abord, puis Messieurs de Saint-Amans, Tamizey de Larroque [2], L. Couture [3], l'abbé Barrère [4], enfin J. Andrieu [5], se sont longuement étendus, appréciant tout spécialement, dans leurs savantes critiques, ses œuvres poétiques, plus nombreuses que remarquables.

Né à Agen vers 1556, mort après 1629, Antoine de La Pujade se maria dans cette ville ; puis il s'attacha à la fortune de la Reine Marguerite, qu'il suivit à Usson où il remplissait la charge de conseiller et de secrétaire des finances de sa maison. Aussi lui dédia-t-il la plupart de ses poésies, dont l'une « *Le Discours du siège mis par les Huguenots devant le Passage d'Agen, au mois de juillet 1589* » est d'une extrême rareté [6].

Cet Antoine de La Pujade eut un fils *Bernard*, également poëte. Enfin on trouve au xvii⁰ siècle d'autres membres de cette famille, fort nombreuse, qui ont laissé soit des tragédies, soit de simples poésies fugitives, tous maniant avec

---

(1) Voir la notice que lui consacre J. Andrieu : *Bibliographie de l'Agenais*, t. ii, p. 37.

(2) *Vie des poëtes Agenais*, par Guillaume Colletet (Antoine de La Pujade), publiée d'après les manuscrits du Louvre par M. Ph. Tamizey de Larroque. (*Recueil de la Société des Sciences, Lettres et Arts d'Agen*, t. ii, 2ᵉ série. 1872, p. 303-328.

(3) *Deux poëtes Agenais au* xvi⁰ *siècle*, par M. L. Couture (*Revue de Gascogne*, t. ix, 1868, p. 351-365).

(4) *Les poëtes Lapoujade et leur famille*, par l'abbé Barrère (*Revue de Gascogne*, t. xvi. 1875. p. 71-82.)

(5) *Bibliographie de l'Agenais*, par J. Andrieu, t. ii, p. 37 et 54.

(6) Brunet : Manuel du libraire. Cf. : J. Andrieu.

autant de facilité que de courage la plume comme l'épée. Mais aucun d'eux, avant que la demoiselle de Bosredon ne l'apportât dans leur famille, ne possédait le château de Perricard.

A peine en possession de sa nouvelle seigneurie, *François de la Goutte*, chevalier, seigneur de La Poujade, du Buscon, de la Duguie [1], second fils de Jean de la Goutte, vicomte de Cours, et de Paule de Bezolles, fit ériger Perricard en marquisat.

Ses armes, que nous trouvons accolées à celles des Raffin sur le manteau d'une des plus belles cheminées du château et qu'il fit enregistrer le 21 février 1698, étaient : *Ecartelé aux 1 et 4 d'azur, au chevron d'or accompagné de trois étoiles de même ; aux 2 et 3, de gueules à la tour crenelée d'argent* [2].

Par la mort de son frère aîné Jean, survenue avant le 2 octobre 1695, François de la Goutte devint marquis de La Poujade, de la Roque-Bernard, vicomte de Cours, etc., réunissant sur sa tête tous les titres de ses ancêtres. Les deux époux vivaient encore en 1720, partageant leur temps entre leur maison d'Agen, leur petit château du Buscon près d'Estillac, ou plus encore leurs résidences d'été de La Poujade et de Perricard.

De son mariage avec Anne-Marguerite de Bosredon, François de La Pujade laissa trois enfants : 1° Henri, qui suit ; 2° Jean-Armand, capitaine aide-major au régiment de Fleury-

---

(1) Le château de la Duguie est ce joli château Renaissance encore bien conservé, muni de son perron, de ses croisées à meneaux et à moulures prismatiques, de sa haute charpente dans le goût du xvie siècle, qui dort paresseusement couché sur la rive gauche du Lot, juste en face du château de Fumel. C'est là que se passa le fait d'armes dont parle Geoffroy de Vivans à la page 15 de son manuscrit. (Agen, 1887.)

(2) Généalogie mss. de Mme de Raymond. « Il n'existe nulle part, dit-elle, de généalogie écrite de cette maison. Celle-ci a été faite d'après les registres des Insinuations des Archives départementales de Lot-et-Garonne et les minutes des notariats du pays. »

cavalerie, chevalier de Saint-Louis à la date du 9 mai 1743 ; 3° Françoise, mariée à Antoine de Pontajon, sieur de la Chapelle-Trenteils.

Henri de la Goutte, seigneur de La Poujade, devint à la mort de son père marquis de Perricard. Il épousa sa cousine, haute et puissante dame Paule de la Goutte, fille unique de François de la Goutte et de Louise de Baratet [1]. Il était déjà mort en 1753, date où sa femme Paule, dans son testament fait à Bordeaux au couvent des dames Minimettes le 22 novembre de cette année, se dit veuve et institue pour héritière universelle sa fille *Louise*, mariée au comte de Montalembert [2].

Cette Louise de La Pujade était-elle fille unique, comme semblent le faire supposer les dernières dispositions de sa mère? Ou bien avait-elle pour frère, ainsi qu'on a cherché à le prouver [3], ou seulement pour oncle, le dernier poëte de la famille ?

Il existait en effet, à ce moment, un *vicomte de La Pujade*, né au château de Perricard, le 25 avril 1695 disent les uns, le 29 novembre 1704 écrivent les autres, ancien officier supérieur au régiment de Gentilshommes-cavalerie, à qui ses vers faciles, ses quatrains, ses chansons, ses impromptus, avaient acquis une juste et universelle renommée. Boudon de Saint-Amans, qui l'avait connu dans sa jeunesse, lui consacré, avant tous autres, une note ainsi conçue : « M. de La
» poujade est un véritable phénomène dans l'ordre litté-
» raire ; son instruction avait été si négligée qu'il ne savait
» réellement ni écrire, ni lire ; mais chez lui la grâce, la
» délicatesse, la facilité de l'esprit et le goût qu'il tenait de

---

(1) Archives départementales de Lot-et-Garonne. B. 100. (20 oct. 1687. Mariage de François de la Goutte et de Louise de Baratet.)

(2) Généalogie mss. des La Goutte par M⁰ de Raymond. Archives de la famille de Montalembert.

(3) Abbé Barrère : *Revue de Gascogne*, t. XVI, p. 71-82.

» la nature suppléaient à tout. Sa société fut recherchée par
» Gresset, Moncrif, le président Hainaut et la plupart des
» gens de lettres, ainsi que par les personnes les plus dis-
» tinguées de son temps. » Et dans le nombre de couplets
impromptus qu'il fit sur des airs de son époque et qu'on écri-
vit sous sa dictée, Saint-Amans cite, entre autres, celui-ci,
bien connu :

A Mademoiselle de Montesquieu, fille de l'auteur de l'Esprit des Lois.

» Que vous êtes faite pour plaire !
» Esprit, beauté, grâce, douceur ;
» Des ouvrages de votre père
» Vous me paraissez le meilleur » [1]

A l'appui, J. Andrieu rapelle à son tour les deux quatrains suivants du même auteur :

I

» *Au Président Henault, sur ce qu'il disait à l'auteur qu'il fallait apprendre à lire :*

» Si je n'ai point appris à lire,
» Je conviendrai de bonne foi
» Que c'est pour qu'on ne puisse dire
» Que je prends ailleurs que chez moi. »

II

» *A Monseigneur de Chabannes, évêque d'Agen, qui lui reprochait de ne lui avoir jamais fait qu'une chanson.*

» Rien ne me serait plus facile,
» Chabannes, que de vous chanter ;
» Mais je préfère, en homme habile,
» Le plaisir de vous écouter. » [2]

---

(1) *Essai sur les Antiquités du département de Lot-et-Garonne*, Dixième notice, p. 281.
(2) *Bibliographie de l'Agenais*, par J. Andrieu, t. II. Art. La Pujade.

Le vicomte de La Pujade mourut, le 5 avril 1773, au château de Monbeau, où il s'était retiré, voisin de celui de Perricard et qui appartenait au comte de Montalembert, petit-fils, croit-on, de son frère aîné.

Les Montalembert. — Héritière de tous les biens des La Goutte, la fille du dernier seigneur de La Pujade, marquis de Perricard, *Louise,* épousa, par contrat du 13 juin 1739, haut et puissant seigneur *Charles Gratien de Montalembert,* seigneur comte de Montalembert, Monbeau, le Terrail et autres lieux, fils de Jean de Montalembert et de dame Jeanne Blanche de Pierre-Buffière, marquise de Lostanges. A la cérémonie du contrat assistaient sa grand-mère Marguerite de Bosredon, plus une foule nombreuse de parents et d'amis, parmi lesquels nous relevons les noms de Montalembert, de Beaumont, de La Goutte, d'Ablan, de Lard de Rigoullières, de Fumel, de Bonal, etc., c'est-à-dire de toute la noblesse du Haut-Agenais [1]. Ce mariage apportait aux Montalembert la terre de Perricard.

Le nouveau châtelain descendait d'une famille fort ancienne, originaire de l'Angoumois, qui tenait son nom du fief de Montalembert, sur les confins du Poitou. Il appartenait, non à la branche de Cers, d'où est sorti l'illustre comte de Montalembert, pair de France, auteur des *Moines d'Occident,* mais à la branche cadette de Monbeau, issue elle-même de celle de Roger en Agenais [2]. Elle était du reste alliée déjà, depuis le commencement du xviie siècle, à la famille des vicomtes de La Pujade.

Capitaine, comme son père, au régiment de Normandie, Charles Gratien de Montalembert testa le 18 décembre

---

(1) Archives départementales de Lot-et-Garonne. B. 128, p. 116.
(2) Lachesnaye des Bois, art. Montalembert. Cf. de Courcelles, *Histoire des Pairs de France,* t. xii.

1748 (1). Il instituait héritière sa femme Louise de La Goutte et mourait, peu de temps après, laissant d'elle quatre enfants : 1° Henri-Ignace ; 2° Charles, lieutenant-colonel, mort sans postérité ; 3° Jeanne ; 4° Marguerite.

Henri-Ignace, comte de Montalembert, marquis de Monbeau, continua la race. Il épousa en première noces une demoiselle de Raffin, dont la fille, Marie-Thérèse, s'allia au marquis de Campels ; puis, en secondes noces, Mademoiselle de Marbotin, qui le rendit père de Frédéric de Montalembert, époux de Mademoiselle de Lamure, de Maximilien, mort célibataire, et d'une fille Marie-Florentine, religieuse hospitalière. Il garda la terre de Monbeau, tandis que son frère *Charles* prenait en partage de famille le domaine de Perricard.

Mais il ne le conserva pas longtemps. Suivant acte du 27 novembre 1779, « au rapport de Me Paganel, notaire à Villeneuve-sur-Lot », Charles de Montalembert, seigneur de Perricard, vendit en effet cette seigneurie, à cette même date, à Messire *François de la Fabrie de la Sylvestrie*, pour le prix de 121,000 livres (2).

Les de la Sylvestrie et de Neymet. — Originaire, croyons-nous, des environs de Prayssas en Agenais, la famille de La Fabrie acquit, vers le milieu du xviie siècle, la terre de la Sylvestrie près de Villeneuve et, s'y installant, en prit le nom. Dans la liste des membres de la noblesse aux cahiers de 1789 on trouve : « *François de La Fabrie, seigneur de La Sylvestrie et autres lieux.* » C'était le nouveau propriétaire du château de Perricard.

---

(1) Généalogie des La Goutte ; mss. de Mme de Raymond. Archives des Montalembert.

(2) Nous devons ce renseignement à l'obligeance de M. Henri Delzolliès, propriétaire du joli château de Salomon, à deux kilomètres à peine du château de Perricard, qui en a pris lui-même connaissance dans les registres du bureau de l'enregistrement de Tournon. Nous le remercions vivement d'avoir bien voulu collaborer ainsi à cette étude.

Détenteur de ce domaine pendant la Révolution, il le transmit à sa mort à son fils *Jean-François de la Fabrie*, cité également dans le même cahier de 1789, puis fait chevalier de Saint-Louis, finalement élu député du Lot-et-Garonne sous la Restauration, du 14 novembre 1820 au 1er octobre 1821 [1]. Mort sans héritier direct, M. de la Sylvestrie laissa toute sa fortune à son neveu, M. de Neymet. Ce dernier devint donc à son tour détenteur de Perricard.

Louis-Jean-Marie-Henri de Neymet, né en 1798, épousa Mademoiselle Roussel de Goderville, dont il eut deux fils jumeaux, tous deux brillants officiers dans l'armée du second empire, promus capitaines, le même jour de 1864, pour leur belle conduite au Mexique, et dont l'un, Henri, trouva une mort glorieuse à Gravelotte, le 16 août 1870. Depuis longtemps Perricard ne leur appartenait plus.

Les derniers propriétaires. — En 1837 et le 7 avril, c'est-à-dire peu de temps après en avoir hérité de M. de La Sylvestrie, M. Henri de Neymet avait aliéné ce domaine à *Monsieur François Laffargue*, qui, avec son fils, se partagea le château. Il garda pour lui la partie occidentale, c'est-à-dire la grosse tour et quelques salles avoisinantes, portion qu'il a cédée à son gendre *Monsieur Carles*, qui en est actuellement propriétaire; tandis qu'il abandonnait à son fils la partie orientale, comprenant une des grandes salles du premier étage, la cour intérieure, le portail principal, les écuries, en un mot, le côté le plus ancien du château.

Ce dernier conserva sa part jusqu'en 1866. Par acte du 1er janvier 1868 il la vendit définitivement à M. *Louis Moussac*, lequel, avec sa famille, la détient et l'habite encore aujourd'hui.

---

(1) *Journal de Lot-et-Garonne*, du 18 novembre 1820.

1748 [1]. Il instituait héritière sa femme Louise de La Goutte et mourait, peu de temps après, laissant d'elle quatre enfants : 1° Henri-Ignace ; 2° Charles, lieutenant-colonel, mort sans postérité ; 3° Jeanne ; 4° Marguerite.

Henri-Ignace, comte de Montalembert, marquis de Monbeau, continua la race. Il épousa en première noces une demoiselle de Raffin, dont la fille, Marie-Thérèse, s'allia au marquis de Campels ; puis, en secondes noces, Mademoiselle de Marbotin, qui le rendit père de Frédéric de Montalembert, époux de Mademoiselle de Lamure, de Maximilien, mort célibataire, et d'une fille Marie-Florentine, religieuse hospitalière. Il garda la terre de Monbeau, tandis que son frère *Charles* prenait en partage de famille le domaine de Perricard.

Mais il ne le conserva pas longtemps. Suivant acte du 27 novembre 1779, « au rapport de M° Paganel, notaire à Villeneuve-sur-Lot », Charles de Montalembert, seigneur de Perricard, vendit en effet cette seigneurie, à cette même date, à Messire *François de la Fabrie de la Sylvestrie*, pour le prix de 121,000 livres [2].

Les de la Sylvestrie et de Neymet. — Originaire, croyons-nous, des environs de Prayssas en Agenais, la famille de La Fabrie acquit, vers le milieu du xvii° siècle, la terre de la Sylvestrie près de Villeneuve et, s'y installant, en prit le nom. Dans la liste des membres de la noblesse aux cahiers de 1789 on trouve : « *François de La Fabrie, seigneur de La Sylvestrie et autres lieux.* » C'était le nouveau propriétaire du château de Perricard.

---

(1) Généalogie des La Goutte ; mss. de Mme de Raymond. Archives des Montalembert.

(2) Nous devons ce renseignement à l'obligeance de M. Henri Delzolliès, propriétaire du joli château de Salomon, à deux kilomètres à peine du château de Perricard, qui en a pris lui-même connaissance dans les registres du bureau de l'enregistrement de Tournon. Nous le remercions vivement d'avoir bien voulu collaborer ainsi à cette étude.

Détenteur de ce domaine pendant la Révolution, il le transmit à sa mort à son fils *Jean-François de la Fabrie*, cité également dans le même cahier de 1789, puis fait chevalier de Saint-Louis, finalement élu député du Lot-et-Garonne sous la Restauration, du 14 novembre 1820 au 1er octobre 1821 [1]. Mort sans héritier direct, M. de la Sylvestrie laissa toute sa fortune à son neveu, M. de Neymet. Ce dernier devint donc à son tour détenteur de Perricard.

Louis-Jean-Marie-Henri de Neymet, né en 1798, épousa Mademoiselle Roussel de Goderville, dont il eut deux fils jumeaux, tous deux brillants officiers dans l'armée du second empire, promus capitaines, le même jour de 1864, pour leur belle conduite au Mexique, et dont l'un, Henri, trouva une mort glorieuse à Gravelotte, le 16 août 1870. Depuis longtemps Perricard ne leur appartenait plus.

Les derniers propriétaires. — En 1837 et le 7 avril, c'est-à-dire peu de temps après en avoir hérité de M. de La Sylvestrie, M. Henri de Neymet avait aliéné ce domaine à *Monsieur François Laffargue*, qui, avec son fils, se partagea le château. Il garda pour lui la partie occidentale, c'est-à-dire la grosse tour et quelques salles avoisinantes, portion qu'il a cédée à son gendre *Monsieur Carles*, qui en est actuellement propriétaire; tandis qu'il abandonnait à son fils la partie orientale, comprenant une des grandes salles du premier étage, la cour intérieure, le portail principal, les écuries, en un mot, le côté le plus ancien du château.

Ce dernier conserva sa part jusqu'en 1866. Par acte du 1er janvier 1868 il la vendit définitivement à M. *Louis Moussac*, lequel, avec sa famille, la détient et l'habite encore aujourd'hui.

---

(1) *Journal de Lot-et-Garonne*, du 18 novembre 1820.

En moins de 300 ans, Perricard a donc appartenu à douze familles différentes.

Le château, dont nous venons d'esquisser l'histoire, était, il y a vingt ans encore, entouré de magnifiques vignobles. Le cru de Perricard passait, de temps immémorial et à juste titre, pour un des plus renommés des côtes du Lot. Mgr Jacoupy l'appréciait tout particulièrement et il le servait, comme ordinaire, à ses nombreux invités. Aujourd'hui le phylloxéra a complètement détruit ces précieuses vignes. On n'ose que bien timidement les reconstituer, tant est maigre et calcaire un sol qui ne se prête à aucun défoncement.

Faut-il donc qu'en ces années calamiteuses tout vienne à disparaître, aussi bien les vieux débris archéologiques, dont les générations nouvelles ne comprennent pas le sens artistique, que les meilleures productions d'une terre que Dieu ne protège plus?

www.ingramcontent.com/pod-product-compliance
Lightning Source LLC
Chambersburg PA
CBHW070447080426
42451CB00025B/2016